Beat Kleiner

Ein Schweizer Elektrizitätspionier in Deutschland

Ursprung der GAH Heidelberg – Hermann Kummler-Sauerländer

Vor 100 Jahren entschloss sich Hermann Kummler, den Leitungsbau nach Deutschland auszudehnen.

Ergänzung zu Band 71 der Reihe «Schweizer Pioniere der Wirtschaft und Technik»

D1731039

ISBN 978-3-909059-41-6

Inhalt

Aarau: Bäurlin & Kummler wird 1894 zu H. Kummler & Co.

Ein Schweizer Elektrizitätspionier in Deutschland

*Ursprung der heutigen GAH Heidelberg war die Stuttgarter Zweignieder-
lassung der in Aarau domizilierten Schweizer Firma Kummler & Matter. Gründer
des Stammhauses war Hermann Kummler-Sauerländer, Schweizer Elektrifika-
tionspionier der ersten Stunde, der sich mit enormem Einsatz um den Aufbau der
Stuttgarter Filiale gekümmert und den Betrieb erfolgreich durch die Schwierigkeiten des Ersten Weltkrieges geführt hatte. Wer Kummler war, was den Anlass
für die gewagte Expansion auf deutsches Gebiet gegeben hatte und sein mitunter
abenteuerliches Wirken für den Stuttgarter Betrieb soll im Folgenden dargestellt
werden. Erstaunlich ist, wie es dem Schweizer Kummler gelang, sich nicht nur in
der Schweiz gegen die grossen deutschen Konkurrenten zu behaupten, sondern
auch in den deutschen Leitungsbau einzudringen und sich die Achtung mass-
gebender Leute wie Emil Rathenau von der AEG zu verschaffen. Dass sich heute
– nach Umwegen – sowohl das Stammhaus wie auch die ehemalige deutsche
Niederlassung unter dem Dach der Atel wiedervereinigt finden, beweist die Nach-
haltigkeit der von Kummler gegründeten Leitungsbau-Unternehmen.*

Hermann Kummler-Sauerländer: Jugendjahre

Hermann Kummler kam am 22. Juni 1863 in der kleinbürgerlichen Stadt Aarau zur Welt. Sein Vater, ein Auslandschweizer, betrieb in Brasilien ein Handelsgeschäft. Die Mutter entstammte einer Aarauer Kaufmannsfamilie mit Wurzeln in Lindau. Das väterliche Geschäft geriet kurz nach der Heirat der Eltern in Schwierigkeiten, wurde von der mütterlichen Familie übernommen und die Mutter zur Scheidung gezwungen. Der Vater starb bald darauf am Gelben Fieber. So wuchs der Knabe als Halbwaise in Aarau auf. Er verbrachte seine Lehr- und Wanderjahre als kaufmännischer Angestellter in Aarau, Marseille und Brasilien. In Marseille blieb er von der grossen Choleraepidemie des Jahres 1884 verschont, die rund um ihn grassierte. Der Prinzipal, der der Stadt entflohen war, hatte ihm den Betrieb des Importgeschäftes in der verseuchten Stadt überlassen. Später erkrankte er jedoch an Typhus und kehrte in kritischem Zustand in die Schweiz zurück. Von 1888 bis 1891 war er im ehemals väterlichen Geschäft in Recife do Pernambuco tätig. Nach drei Jahren nahm er Heimaturlaub und blieb auf Rat des Arztes in seiner Heimatstadt, da das Tropenfieber seine Gesundheit angegriffen hatte.

Geschäftliche Anfänge: Kummler & Co. – Kummler & Matter AG (Aarau, Schweiz)

Um jene Zeit begann zaghaft die kommerzielle Nutzung der Elektrizität. Das Wasser, das bis anhin Wasserräder und Turbinen angetrieben und über Transmissionen mechanische Kraft entwickelt hatte, bewegte fortan Dynamomaschinen, die elektrischen Strom erzeugten. Die neue Energie war nicht mehr ortsgebunden, musste

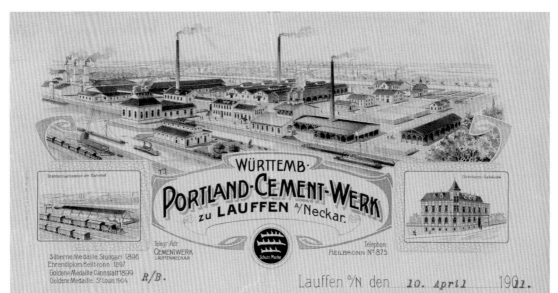

WÜRTTEMB·
PORTLAND-CEMENT-WERK
zu LAUFFEN A/Neckar.

Telegr-Adr:
CEMENTWERK
LAUFFENNECKAR

Telephon:
HEILBRONN N° 875

Silberne Medaille Stuttgart 1896
Ehrendiplom Heilbronn 1897
Goldene Medaille Cannstatt 1899
Goldene Medaille St Louis 1904

Lauffen a/N. den 10. April 1911.

Herren

K u m m l e r & M a t t e r ,

S t u t t g a r t .

Wir geben Ihnen in der Einlage ein Vertragsexemplar
unterschrieben zurück. Unsere Unterschrift ist jedoch nur für den Fall
gültig, dass Sie von Artikel 6 c. die gleiche Auffassung wie wir haben,
nämlich, dass wir nur dann verpflichtet sind, Flurschäden zu vergüten,
wenn sie unter keinen Umständen vermieden werden können. Sind die Schä-
den aber durch Unvorsichtigkeit oder Leichtsinn der Arbeiter entstanden,
so müssen selbstverständlich Sie für die Kosten aufkommen.

Für das Aufbewahren Ihrer Materialien stellen wir
Ihnen Räume im Cementwerk zur Verfügung.

Hochachtungsvoll
Württemb. Portland-Cement-Werk
zu Lauffen a. Neckar.

1 Einlage.

1911 Leitungsbau Kummler & Matter, Stuttgart, für das Württembergische Portland-Cement-Werk, Lauffen a/Neckar, Hochspannungsleitung Lauffen-Kirchheim und Ortsnetz Lauffen, (Archiv Kummler: Dokument Nr. 1912).

aber übertragen werden. Leitungsnetze waren über Land zu ziehen und in den Dörfern und den Städten für die Feinverteilung einzurichten. In diesem neuen Bereich war auch Kummler aktiv.

In Kummlers Heimatstadt Aarau hatte ein Erfinder namens Bäurlin 1889 eine Werkstatt für Elektrotechnik, Licht, Kraft und Galvanoplastik eingerichtet und betrieb am Stadtbach ein unterschlächtiges Wasserrad. Er suchte einen Partner, den er in Kummler fand. Die Firma hiess ab 1892 Bäurlin & Kummler. Der junge Partner übernahm rasch die Initiative und zog das erste Leitungsnetz über Aaraus Dächer. Da Bäurlin unflexibel war und dem Tatendrang Kummlers im Wege stand, übernahm der junge Partner die Firma, die er ab 1894 als Kummler & Co. höchst erfolgreich weiterführte.

Frühe Erfolge

Mit der Beteiligung an dem für die Schweiz historischen Kraftwerk Ruppoldingen handelte sich Kummler das Monopol für das gesamte Leitungsnetz des Werkes ein. Durch den Verkauf einer anschliessend erworbenen Kraftwerkskonzession mit bedeutender Abnahmeverpflichtung von elsässischen Gruben erhielt er 1912 den Auftrag zur Erstellung der ersten Gittermastenleitung der Schweiz nach Réchésy im Elsass. Im Bahnbereich baute Kummler mit seiner Firma 1906 das gesamte Leitungsnetz für die Wagniselektrifikation des Simplontunnels, des damals längsten Tunnels, der noch mit Drehstrom ausgerüstet war. Damit war Kummlers Betrieb sowohl im Hochspannungs-Leitungsbau als auch im Erstellen von Ortsnetzen und dem Fahrleitungsbau der Bahnen gut positioniert. Als rastlos tätiger Akquisiteur hatte er AEG aus dem Ortsnetzbau im schweizerischen Grenzgebiet verdrängt. Das brachte ihm die Achtung von Emil Rathenau ein, der ihn anlässlich eines Geschäftsbesuches in Frankfurt im Kreise der Direktion zu Tische als fairen Konkurrenten lobte. Denn er handle mit grossem Einsatz und hoher Qualität und nicht durch Unterbietung. Man werde von dem kleinen Mann aus der Schweiz noch etliches hören.

Da der Umfang des Geschäftes stetig wuchs, wurde für die administrativen Belange als Partner Paul Edwin Matter zugezogen und die Firma 1909 in eine Aktiengesellschaft umgewandelt, die Kummler & Matter AG. Kummler übernahm das Präsidium des Verwaltungsrates, blieb aber als Delegierter für den Leitungsbau verantwortlich.

Expansion nach Deutschland: Kummler & Matter OHG Stuttgart

Am 28. Oktober 1907 lud der deutsche Verband der elektrotechnischen Installationsfirmen den Verband schweizerischer Elektroinstallationsfirmen, dessen Gründerpräsident Hermann Kummler war, zu einer deutschschweizerischen Delegiertenversammlung nach Stuttgart ein. Ziel der Zusammenkunft war, zu prüfen, ob es Möglichkeiten gebe, Bestrebungen in Branchenfragen zu bündeln, vor allem der Arbeitgeberinteressen und Installationsvorschriften. In der Folge ergab sich eine rege Zusammenarbeit. Kummler als Schweizer Delegierter pflegte ein freundschaftliches Verhältnis zum Vorsitzenden des deutschen Verbandes, Herrn Montanus in Frankfurt.

Anlässlich dieser Kontakte erfuhr Kummler, dass in Deutschland für grössere Kraftwerksbauten nur grosse Unternehmen zur Offertstellung eingeladen wurden, die sich auch für die Finanzierung der Projekte engagierten. Diese Firmen hätten jedoch lediglich Interesse an der Lieferung von Maschinen und Apparaten, aber kaum genügende Infrastrukturen für den Leitungsbau. Das wurde zum Signal für Kummler, sich im deutschen Leitungsbau zu engagieren. Unter der Firma Kummler & Matter, Stuttgart, Gesellschaft für elektrische Anlagen, wurde am 1. Juli 1910 an der Kriegsbergstrasse 19 in Stuttgart, der Hauptstadt des Königreiches Württemberg, eine Filiale als offene Handelsgesellschaft eröffnet.

Diese empfahl sich als Spezialfirma für die Projektierung und Erstellung von elektrischen Kraftübertragungsleitungen und Ortsverteilungsnetzen. Kummler liess sich von Emil Wahlström, der sich in Stuttgart als beratender Ingenieur betätigte, über den Stand der Elektrifikation in Deutschland näher informieren. Aarau stellte die Direktion, die Leitung des technischen Bereichs sowie das gesamte Oberpersonal. Kummler selbst übernahm es, den neuen Filialbetrieb bei den Werken einzuführen, was längere Aufenthalte jenseits der Grenze mit sich brachte. Als Leiter hatte er einen Ingenieur namens Paul Czygan eingesetzt, dem er bald die Führung des Geschäftes überlassen und sich noch vermehrt auf Akquisition verlegen konnte. Präzision bei der Qualität der Arbeit und Termintreue räumten bald Vorbehalte beiseite, die man anfangs deutscherseits gegenüber dem Auslandsunternehmen hatte. Nach kurzer Zeit gehörten zwanzig Kraftwerksunternehmen von Württemberg bis hinauf nach Pommern zu seinen Kunden. Erstaunlich ist, dass die neugegründete Filiale bereits im zweiten und dritten Jahr ihrer Existenz Grossaufträge wie den gesamten Leitungsbau auf der Insel Rügen, die Erstellung einer Doppelgittermastenleitung für die Landkraftwerke Leipzig oder umfangreiche gebietsdeckende Leitungsbauten für die Lech-Elektrizitätswerke erhielt.

August 1914: Der Ausbruch des grossen Krieges

Auch der Leitungsbau des Stammhauses in Aarau hatte sich in der Zwischenzeit enorm entwickelt. Kummler nahm die grosse Leitung, die seine Firma ins Elsass gebaut hatte, zum Ausgangspunkt weiterer Auslandsprojekte. Im Elsass waren etliche Ortsnetze im Bau. Zudem verhandelte Kummler im Dijonnais über weitere Stromabnahmen mit entsprechenden Zuleitungen. Und der Zweigbetrieb in Stuttgart hatte sich in kurzer Zeit zu einem ernst zu nehmenden Konkurrenten im Deutschen Reich entwickelt.

Mitten in dieser Aufschwungsphase brach der Erste Weltkrieg aus. Ein Grossteil des Personals des Stammhauses wurde zum Grenzdienst eingezogen. Kummler selbst war infolge seiner früheren Gesundheitsschäden nur hilfsdiensttauglich und konnte sich bald wieder der Firma widmen, um für die dringendsten Probleme Lösungen zu suchen. Die elsässischen Baustellen lagen mitten im Kriegsgebiet und die Verhandlungen über weitere Projekte wurden abgebrochen. Die grösste Sorge bereitete Kummler jedoch die Stuttgarter Niederlassung.

Hermann Kummler reiste, sobald er konnte, nach Stuttgart, da Aarau von der deutschen Filiale kein Lebenszeichen mehr erhalten hatte. Dort fand er einen Anschlag an der Tür «Wegen Kriegsausbruch geschlossen». Vom Personal war niemand anzutreffen. Da er wusste, dass die Hauptarbeiten in Ulm im Gang waren, reiste er noch am gleichen Tag nach diesem Ziel weiter, das er mit vielen Unterbrüchen nach Mitternacht erreichte. Wie ge-

1912/13 Gesamt-Leitungsbau durch Kummler & Matter, Stuttgart, auf der Insel Rügen für den Provinzialverband Stettin, Landeshauptmannschaft Provinz Pommern, Königreich Preussen:

Postkarte Kummlers von Stralsund, Inspektionsfahrt nach Rügen im September 1912, handschriftliche Datumsangabe Kummlers.

Brief Kummlers an seine Gattin vom 8. September 1912 aus Stralsund.

STRALSUND d............................ 6 Sept. 1912. Hafen Bahnhof

Seiten 10 und 11: Landkartenausschnitt des Südteils der Insel. Kreise mit Kreuz bedeuten Materialdepots, Kreuze mit Strich Stangendepots (Dokument Nr. 1910).

… «Gestern war ich noch im äussersten Zipfel unseres Arbeitsgebietes in Wiek, wohin man nach vierstündiger Fahrt mit einem Kleinbähnchen kommt. Ich hatte projektiert, die Rückfahrt per Dampfer zu machen. Der Zug blieb aber unterwegs stecken wegen eines Defektes im Cylinder, sodass wir mit einer Verspätung von einer Stunde ankamen & da vernahm ich, dass das Schiff vor einer 1/4 Stunde abgefahren war. Ich hatte meinen Gruppenchef telegraphisch auf den Bahnhof bestellt & hatte nun alle Zeit, alle Anordnungen zu treffen, um mit dem letzten Zug abzufahren. Ich kam dann erst um 11 Uhr nachts nach Stralsund. Die letzten Tage hatte ich's streng, von Morgens früh bis Nachts spät…»

Karte der Insel Rügen.

= 15000 Volt-Leitung.

= 40000 Volt-Leitung.

Ulm a. D., Partie beim Bahnhof

19 August 1914.
Hotel Fezer

*Ulm, Hotel Fezer:
Inspektionsfahrt
nach Kriegsausbruch
zu den Arbeiten in
der Reichsfestung
Ulm. Handschriftlicher Datumsvermerk
Kummlers.*

wohnt begab er sich zum Hotel «Russischer Hof», das nun aber mit «Hotel Fezer» angeschrieben war. Der Nachtportier wies ihn ab, da den Hotels verboten worden sei, Ausländer aufzunehmen. Kummler protestierte und berief sich zu dieser vorgerückten Stunde auf seine Stammgasteigenschaft. Schliesslich wurde der Concierge gerufen. Der bat um Kummlers Karte, auf der er, wie der Concierge wusste, unter der Adresse der Stuttgarter Filiale figurierte, und trug ihn kurzum als Deutschen ein.

Eine heikle Situation:
Als Schweizer im Besitz
deutscher Festungspläne

Offensichtlich war es Kummler & Matter in Stuttgart rasch gelungen, eine besondere Vertrauensstellung zu erlangen. So hatten sich der Bezirksverband Oberschwäbischer Elektrizitätswerke und die Pulverfabrik Bobingen, die das Schweizer Unternehmen in Stuttgart noch in Friedenszeiten mit Leitungsbauten auf dem Gebiete der Reichsfestung Ulm und der Pulverfabrik betraut hatten, wenig mit Fragen des militärischen Geheimbereichs befasst. Als der Krieg ausbrach, waren

die ausführenden Equipen der ausländischen Montagefirma im Besitz aller höchst geheimen Pläne der Festung und der Pulverfabrik.

Kummler ahnte die Brisanz der Situation und beriet sich mit seinem in Ulm ansässigen Vetter Springer, der ihn mit einem Anwalt in Verbindung brachte. Man kam überein, dass sich Kummler bei dem für den Süden Deutschlands neu ernannten Kaiserlichen Gouverneur melden solle, der zugleich Chef der Festung sei. Da der Anwalt mit dem Gouverneur befreundet war, gelang es, für Kummler eine Audienz in der schwer bewachten Kommandantur zu erwirken. Rechtzeitig begab sich Kummler zum «Grünen

Die rettende Visitenkarte im Hotel Fezer.

H. Kummler
in Firma Kummler & Matter

Seestrasse Nr. 89, Telephon Nr. 9434.   Stuttgart

Hof» bei der Donaubrücke, betrat das festungsähnliche Gebäude, das mit «Kaiserl. Festungs-Gouvernement» beschriftet war, und gab der Wache sein Empfehlungsschreiben ab. Von einem Offizier begleitet, wurde der Besucher über Treppen und Korridore in einen Saal geführt. Dort informierte er einen höheren Militärbeamten in Gegenwart eines jüngeren Offiziers, der alles protokollierte, über die Kummler & Matter erteilten Leitungsbau- und Installationsaufträge und namentlich darüber, dass die Firma über alle Pläne des Reichsfestungswerks verfüge und auch über jene der Kasematten und der gelegten Minen. Der Beamte war konsterniert, dass man einem ausländischen Unternehmen diese Arbeit übertragen und die geheimen Pläne ausgehändigt hatte. Kummler wurde über alle Details einvernommen: von wem das Unternehmen die Pläne erhalten habe, wer solche Pläne in Händen habe und welche Ingenieure, Techniker und Monteure an der Arbeit beteiligt seien, alles mit Personalien und Nationalität. Nachdem er seinen Pass deponiert hatte, wurde er entlassen und auf den nächsten Tag erneut zitiert.

Dieses Mal wurde Kummler vom Gouverneur persönlich im Beisein höherer Offiziere einvernommen und musste alles wiederholen, was er tags zuvor schon zu Protokoll gegeben hatte. Er sah, dass seine Aussagen erneut stenographisch festgehalten wurden. Nach Beendigung der Prozedur bemerkte der Gouverneur, dass die von Kummler genannten Auftraggeber die Informationen in allen Punkten bestätigt hätten. Die hohen Militärs schienen überzeugt von Kummlers Ehrlichkeit. Die Deutschen waren nun in der unangenehmen Lage, zu entscheiden, ob man der dringenden Fertigstellung der Arbeit durch die Schweizer den Vorzug geben wolle oder einem Arbeitsunterbruch und dem Einsatz eines deutschen Unternehmens. Man entschied sich für die Dringlichkeit. Kummler gab für sich eine Ehrenerklärung ab und übernahm es, von allen Mitarbeitern, die im Bereich der Festung Installationen tätigten, eine schriftliche Erklärung einzuholen, die eidesstattlich bekräftigt werden musste. Auf Verrat stand zudem Todesstrafe oder Festungshaft.

Ein gutes Ende

Nach dem Verhör führte der Gouverneur mit Kummler noch ein vertrauliches Gespräch. Darin eröffnete er ihm, dass er selbst und die deutsche Filiale sich in einer höchst bedenklichen Lage befunden hätten: Man hätte ihn bei Widersprüchen mit den Erklärungen der auftraggebenden Regionalinstanzen zurückbehalten müssen. Er, der Gouverneur, habe die ganze Angelegenheit dem kaiserlichen Generalkommando, das in Aachen residiere, unterbreiten müssen. Dieses habe sich schliesslich auf Drängen der Auftraggeber dafür entschieden, Kummler & Matter die Fertigstellung der Bauten zu überlassen.

Kummler stimmte einer Rückgabe der Pläne zu, da er und die übrigen Beteiligten inzwischen über die nötigen Kenntnisse der Örtlichkeit verfügten. Er erhielt einen blauen Passepartout zur Inspektion des Fortgangs der Installationen und zu deren Unterhalt, der ihm für die ganze Dauer des Krieges und die Nachkriegszeit belassen wurde. Damit endete ein Abenteuer, in das Kummler unverschuldet durch den plötzlichen Kriegsausbruch verwickelt worden war, in Minne.

Mitte September 1914 mussten die gesamten Kräfte der Stuttgarter Filiale auf die Festung Ulm verlagert werden, da von der deutschen Heeresleitung ein Einbruch der Franzosen befürchtet wurde.

VERPFLICHTUNG.

Die Unterzeichneten Angestellte der Firma
Kummler & Matter in Stuttgart haben heute den 20. August 1914
im Beisein des Herrn Hermann Kummler, Direktor der Firma
Kummler & Matter in Stuttgart die Verpflichtung übernommen:

    I.   Keine dem Deutschen Reiche zuwiderlaufenden oder
           schädlichen Handlungen vorzunehmen.

    II.   noch über irgendwelche Erfahrungen oder Berichte,
           die sie während der Arbeiten speziell innert dem
           Gebiete des Festungsgürtels in Ulm wahrnehmen, an
           Drittpersonen Mitteilung zu machen, nicht einmal
           in gesprächsweiser unverbindlicher Form.

    III. sich innert dem Festungsgürtel Ulm nicht zu einer
           andern Zeit aufzuhalten, als zur Ausführung der
           Arbeiten, die unserer Firma von dem Oberschwäbischen
           Elektrizitätswerke in Biberach übertragen wurden,
           durchaus notwendig ist.

    IV. sich keiner Vergehungen gegen behördliche und mili-
           tärische Erlasse schuldig zu machen und sich auf
           erste Aufforderung von behördlichen oder militäri-
           schen Personen mit ihren Ausweisen zu legitimieren.

        Ulm, den 20. August 1914.

    Namens der Firma

*Verpflichtungser-
klärung von Kummler
& Matter im Zusam-
menhang mit der
Reichsfestung Ulm.*

Zwischen den Fronten

Der Kampf um Kupferdraht wurde für das gesamte Unternehmen Kummler & Matter bald zur Überlebensfrage. Bis auf den Einzug des Leitungsdrahtes beendete Installationen lagen brach und wurden nicht bezahlt. Neue Aufträge wurden nur erteilt, wenn nachgewiesen werden konnte, dass genügend Material vorhanden sei. In dieser prekären Lage wurden in Marseille und Le Havre fünf Wagen Kupfer requiriert, die man in Aarau dringend benötigte. Kummler ver-

14

Seiten 16 und 17: 1912/15 Leitungsbau Kummler & Matter, Stuttgart, für die Landkraftwerke Leipzig, Blaupause von Gittermasten und Bahn- und Post- leitungskreuzung Elsterwerda (Dokument Nr. 1922).

nahm von einem Freund in Marseille, dies sei auf Anordnung höchster Stellen in Paris geschehen: Schliesslich unterhalte Kummler & Matter in Deutschland eine Filiale, beschäftige mit dem Ingenieur Gruner in Aarau einen Deutschen in leitender Stellung und stelle drittens für Frankreich keine Munition her. Unter dem Zwang der Dinge musste man mit Paris verhandeln und unterzog sich angesichts des letalen Kupfermangels den gestellten Forderungen. Die Stuttgarter Niederlassung wurde formell umgegründet und hiess fortan Gesellschaft für elektrische Anlagen GmbH, GEA. Man trennte sich von Gruner, der ohnehin bei Kriegsbeginn zum Heer berufen worden war. Schliesslich mussten an Frankreich Détonateurs geliefert werden, auch wenn deren Herstellung überhaupt nicht zum Fabrikationsprogramm von Kummler & Matter gehörte.

Das Unvermeidliche trat ein: Die Kaiserliche Gesandtschaft in Bern warf Kummler & Matter Neutralitätsverletzung vor und wies darauf hin, dass das Unternehmen zu jenen Schweizer Firmen zähle, die in den Genuss der grössten Eisenlieferungs-

kontingente des Deutschen Reiches kämen. Diese Vorzugsstellung als Bezüger von strategisch wichtigem Material war darauf zurückzuführen, dass das Aarauer Stammhaus wegen der Umstellung von Holz- auf Gittermastenträger im Hochspannungsleitungsbau in den Vorkriegsjahren zum grossen Importeur geworden war. Das hatten die Deutschen auch nach Kriegsbeginn nicht vergessen. Hinzu kam, dass das Aarauer Unternehmen durch das Geschäft in Stuttgart mit dem Deutschen Reich wirtschaftlich eng verbunden und auf dessen Wohlwollen angewiesen war. Kummler & Matter produzierte schliesslich auch Munition und Leitspindel-Drehbänke für das Deutsche Reich.

In geheimer Mission

Kummler hatte wiederholt Kontakt mit der Reichs-Heeresleitung und dem Stuttgarter K & K-Kriegsministerium. So befand er sich am 15. Oktober 1915 auf einer Reise von Stuttgart über Ulm nach Friedrichshafen und der Schweiz. Der D-Zug, der die Strecke von Ulm bis Friedrichshafen ohne Halt zu durchfahren hatte, wurde auf der Station Biberach plötzlich ange-

Postkarte vom 6. März 1915 aus Landsberg a/Lech mit Hilferuf des zum schweizerischen Militärdienst einberufenen Chefmonteurs Kopp an Hermann Kummler.

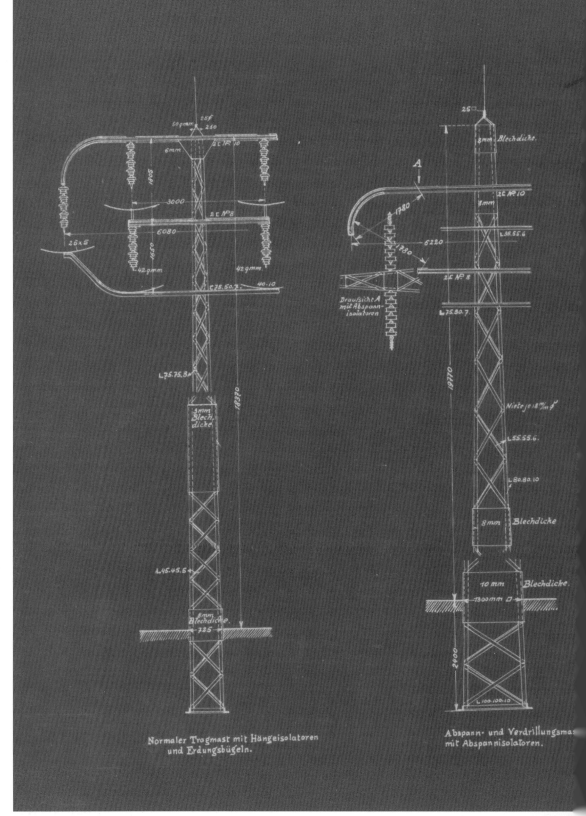

Normaler Tragmast mit Hängeisolatoren
und Erdungsbügeln.

Abspann- und Verdrillungsmast
mit Abspannisolatoren.

Abspannisolatoren bei Abweichung der Leitungs-
richtung von der geraden Linie (Draufsicht).

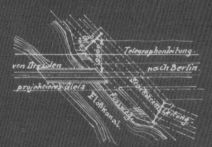

Lageplan der Kreuzung zwischen Fernleitung
und Eisenbahn bei Elsterwerda.

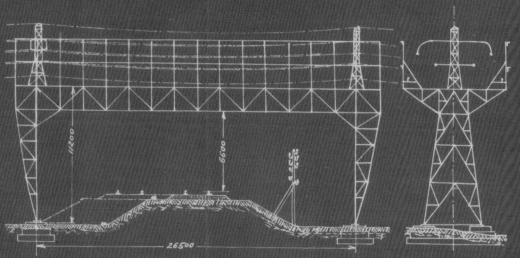

Leitungsüberführung über die Eisenbahn bei Elsterwerda.

halten. Der Zugführer und die Schaffner rannten dem Zug entlang und durch die Coupés und riefen einen Herrn Kummler aus der Schweiz aus. Der Gesuchte gab sich zu erkennen und wurde mit aller Höflichkeit zur Station gebeten. Dort eröffnete ihm der Vorstand, dass ihn das K & K-Kriegsministerium in Stuttgart in wichtiger Angelegenheit dringendst zu sprechen wünsche. Die bahntelephonische Verbindung sei schon hergestellt. Kummler wurde mit einer streng vertraulichen Mission beim Eidgenössischen Militärdepartement betraut, auf deren Inhalt sich kein Hinweis findet. Nach Beendigung des Gesprächs wurde der kleine Schweizer, dem man das Köfferchen und den schwarzen Überzieher, den er stets bei sich hatte, eilfertig nachtrug, vom Vorstand und seinem Stellvertreter unter Erweisung höchster Reverenz zurück zum Zug begleitet. Aus allen Fenstern starrten Gaffer, um den anscheinend hochgestellten Mann näher zu betrachten, wegen dem man den D-Zug über zehn Minuten hatte warten lassen.

Nachdem sich der Zug wieder in voller Fahrt befand, promenierten die Passagiere vor Kummlers Coupé auf und ab, was Kummler in seinem höchst anschaulichen Bericht mit dem Auf und Ab vor einem Käfig in der Menagerie verglich. Im Coupé selbst hatte er sich lästiger Fragerei zu erwehren. In Friedrichshafen schliesslich wurde er vom Zugführer unter Umgehung der Bahnsteigsperre und der Pass- und Zollkontrolle direkt aufs Schiff nach Romanshorn geleitet. Infolge der Verspätung, die der Zug erhalten hatte, kamen auch die anderen Passagiere in den Genuss einer beförderlichen Grenzabfertigung.

Diese Art der Grenzpassage blieb seltenes Privileg. In der Regel war sie belastet von langen Prozeduren. Dies geschah insbesondere dann, wenn Kummler Akten und Pläne für den Leitungsbau oder Lehren zur Herstellung des bestellten Materials nach Aarau mitzunehmen hatte, selbst dann, wenn er sich mit Ausfuhrbewilligungen ausweisen konnte. Man durchbohrte ihm die Schuhsohlen und nahm peinliche Körpervisitationen vor. Dazu kamen An- und Abmeldungen an den deutschen Bestimmungsorten und der Bezug der Lebensmittelmarken, alles verbunden mit langen Märschen von Amt zu Amt. Dabei vergingen Stunden und auch Tage in einer ohnehin schon angespannten Lage.

Eindrückliche Begegnungen

Auf den vielen Reisen in deutschen Zügen kam Kummler nicht nur mit der Zivilbevölkerung in Kontakt, sondern auch mit verletzten Frontheimkehrern, die vom Grauen des Grabenkampfs berichteten: von den 42 cm-Geschützen, die in Fernbedienung auf eine Distanz von 200 m gezündet würden und den Boden weiterum zum Zittern brächten, von den Fallbohrern, die französische Aeroplane über den Linien fallen liessen, die den Getroffenen in der ganzen Länge durchbohrten und von vielem anderem mehr.

In Friedrichshafen stieg Kummler regelmässig im Hotel «Deutsches Haus» ab und begegnete dort öfters einem sympathischen älteren Herrn. Dieser bat Kummler eines Tages zum Essen an seinen Tisch. Er sei der Besitzer des Hotels, sein Name sei Zeppelin. Die beiden Herren kamen auf Erfindungen und Neukonstruktionen zu sprechen. Da er in Kummler einen Gesprächspartner gefunden hatte, dessen Interessen gleichgelagert waren, schüttete ihm Zeppelin sein Herz aus und berichtete von seinen Misserfolgen und vom Verlust

Aus einem Reisepass Hermann Kummlers, Dezember 1916, Reise nach Stuttgart und Ulm, mit Brotkarten-bezugs-Vermerk.

des von Freunden ausgeborgten Geldes. Kummler versuchte ihn zu trösten und spendierte eine Flasche Wein, um auf Glück und Erfolg mit Zeppelin Nr. 3 zu prosten. Die Begegnung mit Graf Zeppelin wiederholte sich, wenn Kummler auf seinen vielen Reisen über Friedrichshafen im «Deutschen Haus» übernachtete.

Im Laufe des Krieges wurde das Reisen stets beschwerlicher. Die Hotelzimmer und die Züge blieben im Winter ungeheizt. Nur allzu oft verkehrten D-Zugwagen mit zerschossenen Scheiben und ohne Licht. Die Passagiere waren dem eisigen Zugwind ausgesetzt und versuchten, sich mit Gymnastik aufzuwärmen. Auch das Essen in Hotels und Speisewagen widerspiegelte die Nahrungsmittelnot.

Umgründung der Stuttgarter Niederlassung auf Druck der Franzosen

Wie bereits erwähnt, war am 27. Dezember 1916 die Stuttgarter Filiale des Stammhauses Kummler & Matter in Aarau infolge einer kriegsbedingten Notlage zur «Gesellschaft für Elektrische Anlagen m.b.H. (GEA)» umgegründet worden. Die GEA übernahm Aktiven und Passiven der bisherigen Offenen Handelsgesellschaft.

Für die Freigabe des Kupfers hatten die französischen Behörden eine Trennung von der Stuttgarter Zweigstelle gefordert. Unter dem Traktandum «Umwandlung der Stuttgarter Firma in eine unabhängige Firma oder Aufgabe der Firma» wurde in der Verwaltungsratssitzung des Stammhauses vom 1. Juli 1916 die Frage des effektiven Verhaltens aufgeworfen. Es wurde beschlossen, die Stuttgarter Niederlassung «auf eine unabhängige Basis zu stellen, mit der Wegleitung, bei dieser neuen Firma namhaft beteiligt zu bleiben». Es ging also darum, den Einfluss auf den Betrieb zu wahren, den Franzosen gegenüber aber den Anschein einer Trennung zu erwecken. Als Gesellschafter wurden mit treuhandvertraglicher Anbindung an das Aarauer Stammhaus die Herren Dedi-Laubeck in Säckingen eingesetzt und Albert Lüscher aus Aarau, der zum Nachfolger des in den Kriegsdienst eingezogenen Ingenieurs Czygan bestimmt worden war. Bei einem Gesellschaftskapital der beiden Gesellschafter von 30 000 Mark konnte die Liquidität der Firma nur mit Darlehen von Aarau aufrechterhalten werden, was zu Diskussionen mit dem Finanzamt führte, als der Geschäftsumsatz auf über drei Millionen Mark stieg.

Kapitalerhöhung nach dem Krieg

1922, also nach dem Krieg, wurde das Kapital auf 300 000 Mark erhöht, wobei das Stammhaus nun direkt als Gesellschafter erschien, und zwar mit 150 000 Mark. Bei diesem Schritt zur teilweisen Offenlegung der effektiven Beherrschungsverhältnisse spielten zu diesem Zeitpunkt die französischen Bedingungen keine Rolle mehr, sondern die Wirkung auf die deutsche Kundschaft. Auf der einen Seite wurde geltend gemacht, man stosse bei Offertstellungen als ausländisch beherrschtes Unternehmen auf Widerstand. Denn selbst bei wohlgesinnten Geschäftsführern, Ingenieuren und Experten hätten die Aufsichtsorgane und Arbeiterräte einer ausländischen Firma gegenüber negative Reflexe. Kummler war hingegen zusammen mit den beratenden Anwälten Löwenstein und Kiefe und dem Schweizer

Konsul Sutter in Stuttgart der Meinung, Verschleierungspolitik sei fehl am Platz: Im Kreise der Kunden sei ohnehin bekannt, dass die GEA nichts anderes als die Nachfolgerin der Kummler & Matter-Filiale sei, mit Schweizer Kapital und Schweizer Leitung. Zudem könne die GEA durch die Rückendeckung des Stammhauses nur gewinnen und im Verkehr mit Finanz- und Steuerbehörden zu einem besseren Einvernehmen kommen.

Nach dem Krieg und der Währungsreform musste auch die Bilanz der GEA saniert werden. Der gesamte Verlust, der sich aus der Umstellung der Papier- in die Goldmarkbilanz ergab, wurde zu Lasten des Geschäftsjahres 1923/24 der Kummler & Matter AG in Aarau in neuer Währung zu Gunsten der GEA nach Stuttgart ver-

H. Kummler
Direktor
der Gesellschaft für elektrische Anlagen m. b. H.

Telephon Nr. 9434.   Stuttgart
                                      Kriegsbergstraße 19

1913/15 Leitungsbau
Kummler & Matter,
Stuttgart, für Elek-
trizitäts-Aktien-
Gesellschaft (E.A.G.)
vorm. W. Lahmeyer
& Co./Lech-Elektrizi-
tätswerke, Augsburg:

*Vertrag vom 24. Juni
1913. Handschriftliche
Vermerke und Fir-
menunterschrift von
Hermann Kummler
(Dokument Nr. 1929).*

*Seiten 22 und 23:
Landkartenausschnitt
mit Gebietszuteilung:
Kummler & Matter
gleichberechtigt neben
AEG! (Dokument
Nr. 1931).
Einschlussbild:
Transformatoren-
stations-Gebäude
Schwabmünchen 1915
(Leitung Türkheim –
Ettringen – Schwab-
münchen – Mattsies/
Dokument Nr. 1941).*

Vertrag

24. Juni
Exemplar 3. 1913
1929

zwischen der

Elektrizitäts - Actien - Gesellschaft vorm.W.Lahmeyer & Co.
Frankfurt am Main, im Folgenden mit " E.A.G. " bezeichnet

und der

Firma Kummler & Matter, Elektr.Unternehmungen, Stuttgart,
im Folgenden mit " Unternehmer " bezeichnet.

§ 1.

Gegenstand des Vertrages.

Die E.A.G. überträgt und der Unternehmer übernimmt hiermit
die betriebsfertige Herstellung der ihm übertragenen Freileitungs-
anlagen auf Grund der folgenden Bestimmungen.

Die Leitungsanlagen befinden sich im Baubezirk der Ueber-
landcentrale Lechwerke und sollen bestehen aus Hochspannungsleitungen für 10 000 Volt Drehstrom mit zugehörigen Ortsnetzen inkl.
der Hausanschlüsse und eventl. der Strassenbeleuchtung, insoweit
letztere während der Erstellung der Leitungsnetze zur Ausführung
gelangen können.

Die E.A.G. behält sich vor, jederzeit auch während des
Baues die zu erstellenden Leitungsanlagen zu unterteilen und ver-
schiedene Unternehmer mit der Ausführung zu betrauen, in der Weise, dass jedem Unternehmer ein bestimmtes Gebiet überwiesen wird.
Die Aufträge für die Erstellung einzelner Leitungsstrecken werden
also nur successive nachdem Ermessen der E.A.G. erteilt. Einge-
schlossen in die Leistungen des Unternehmers ist der Transport
der Materialien von der, der Verwendungsstelle zunächst gelegenen
Bahnstation bis zur Verwendungsstelle, die Lagerung der Materialien,
die Stellung sämtlicher zur Herstellung der Anlage erforderlichen

Doppelt ausgefertigt.

Frankfurt a.M., den 18.Juni 1913. Stuttgart, den 24 Juni 1913

ELEKTRIZITÄTS-ACTIEN-GESELLSCHAFT
vorm. W. LAHMEYER & Co.

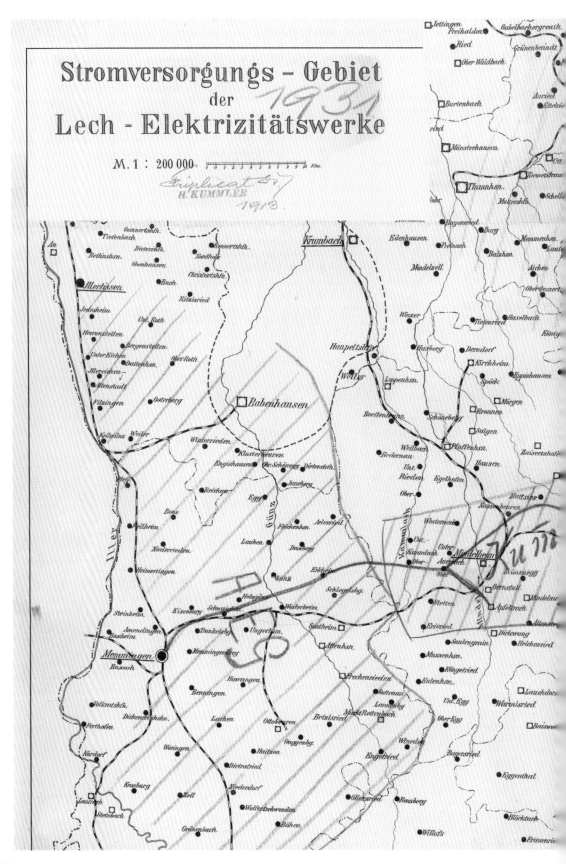

Stromversorgungs – Gebiet
der
Lech - Elektrizitätswerke

M. 1 : 200 000

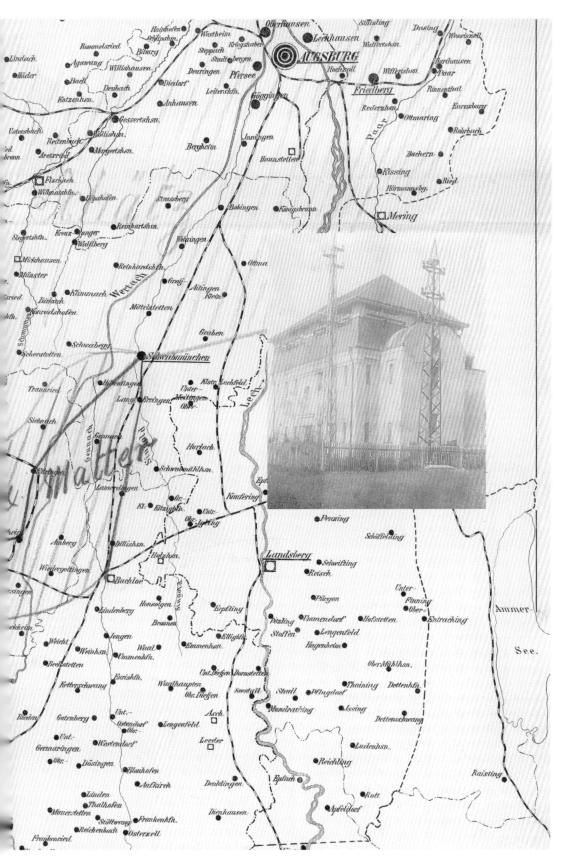

Haidhofen
Schlipshm.
Westheim
Oberhausen
Stätzling
Dasing
Wessiszell

Lindach
Rommelsried
Biburg
Steppach
Kriegshaber
Wulfertshsn.
Harthausen

Agawang
Willishausen
Stadt bergen
AUGSBURG
Hochzoll
Wiffertshsn.
Paar

Wäder
Buch
Deubach
Diedorf
Deuringen
Pfersee
Friedberg
Rinnenthal

Katzenhsn.
Anhausen
Leitershfn.
Göggingen
Rederzhsn.
Ottmaring
Eurasburg

Gessertshsn.
Ottmaring
Rohrbach

Ustersbach
Wollishsn.
Reitenbuch
Aretsried
Margertshsn.
Bergheim
Inningen
Bachern

bronn
Haunstetten
Kissing
Ried

Fischach
Willmatshfn.
Döpshofen
Strassberg
Bobingen
Königsbrunn
Hörmannsbg.
Mering

Siegertshfn.
Kreuz
anger
Waldberg
Reinhartshsn.
Wehringen

Meckhausen
Münster
Reinhardshfn.
Ottma

Klimmach
Grossf.
Ailingen
Kleie

Birkach
Konradshofen
Mittelstetten

Scherstetten
Schwabegg
Graben

Traunried
Mittelfingen
Klstr. Lechfeld
Schwabmünchen

Lang Erringen
Unter-
Meitingen
Ober-

Siebnach
Gennach
Hurlach

Ettringen
Lamerdingen
Schwabmühlhsn.

Amberg
Kl. Kitzighsn.
Untr-
Obr.
Igling
Eppt

Wiedergeltingen
Holzhsn.
Landsberg
Schwifting
Reisch

Buchloe
Penzing
Schöffelding

Lindenberg
Honsolgen
Erpfting
Pürgen
Unter-
Finning

Bronnen
Pitzling
Ummendorf
Hofstetten
Ober-
Entraching

Weicht
Jengen
Waal
Ellighfn.
Stoffen
Lengenfeld
Hagenheim

Weinhsn.
Ummenhfn.
Emmenhsn.

Becksstetten
Eurishfn.
Unt. Dießen
Dornstetten
Ober Mühlhsn.

Ketterschwang
Waalhaupten
Seestall
Stadl
Pfingdorf
Thaining
Dettenhfn.

Obr. Dießen
Wandrazhing
Issing
Dettenschwang

Rieden
Gutenberg
Unt.
Ostendorf
Obr.
Lengenfeld
Asch
Ludenhsn.

Unt.
Germaringen
Westendorf
Leeder
Reichling
Raisting

Obr.
Dösingen
Blonhofen
Denklingen
Epfach
Rott

Linden
Aufkirch
Apfeldorf

Mauerstetten
Thalhofen
Frankenhfn.
Dienhausen

Frankenried
Reichenbach
Stöttwang
Osterzell

Ammer-

See.

gütet. Ohne diesen Schritt hätte die Tochter als überschuldet gegolten und in Konkurs gehen müssen. Auch dieses Vorgehen ist ein wichtiges Indiz für die wirklichen Eigentumsverhältnisse an der GEA bis zu deren Umwandlung in eine AG im Jahre 1926.

Erfolgreicher Leitungsbau in Deutschland

Schon in den ersten Jahren ihrer Existenz – von 1910 bis 1924 – baute die Stuttgarter Niederlassung in erstaunlichem Umfang Hochspannungs- und Niederspannungsnetze in Deutschland. Dies war eine beachtliche Leistung für den Ableger einer Schweizer Firma im Land der grossen Elektrounternehmen wie der AEG. Kummlers Akquisitionsgeschick zeigte offensichtlich auch jenseits der Grenze einen durchschlagenden Erfolg. Seine Stärke war – wie auch in der Schweiz – der Aufbau und die Pflege eines Beziehungsnetzes. Die Liste der in diesen Jahren ausgeführten Arbeiten ist beachtlich.

In den ersten Jahren nach Gründung der Stuttgarter Niederlassung widmete Kummler einen wesentlichen Teil seiner Arbeitskraft diesem Betrieb, der für ihn einen grossen Stellenwert hatte. Da sich Ingenieur Czygan rasch eingearbeitet hatte und gut bewährte, konnte sich Kummler nach und nach auf die Oberaufsicht, das Finanzielle und die Mitwirkung bei der Übernahme grösserer Aufträge zurückziehen und seine Akquisitionstätigkeit intensivieren. In den Kriegsjahren, nach dem Ausfall von Czygan, setzte sich Kummler wieder voll für Stuttgart ein und behielt auch anfangs der zwanziger Jahre die Oberaufsicht. Denn es mangelte Herrn Dedi als formellem Vorsitzenden der GEA noch an Erfahrung und Kompetenz dem Fachpersonal und den Kunden gegenüber.

Stuttgarter Leitungsbau in der Aera Kummler

- Alb-E.W. in Geislingen-Steige: Hochspannungsleitungen und Ortsnetze
- Kraftwerk Alt-Württemberg in Ludwigsburg
- Überlandwerk Aistaig, Alb
- Gemeindeverband E.W. Bezirk Calw
- Überlandstromverband Freiberg/Sachsen: 200 km Hochspannungsleitungen und Ortsnetze
- E.W. Heidenheimer & Ulmer, Alb, in Heuchlingen
- Kraftübertragungswerke Herrenberg
- Überlandwerk Jagstkreis in Ellwangen: 60 km Hochspannungsleitungen
- Hannoversche Kolonisations- & Moorverwertungsgesellschaft, Osnabrück: Hochspannungsleitung und 15 Ortsnetze
- Gemeindeverband E.W. Hohebach: Umbau von Hochspannungsleitungen (Kupferausbau) und Ortsnetze
- Gemeindeverband Überlandwerk Hohenlohe-Öhringen (Württ.): 130 km Hochspannungsleitungen auf Holzmasten
- Elektrizitäts-Aktien-Gesellschaft (E.A.G.), vorm. W. Lahmeyer & Co. in Frankfurt / M, Lech E.W. Augsburg: 130 km Hochspannungsleitungen, u.a. Gittermastenleitung Schwabmünchen-Bobingen, 42 Ortsnetze
- E.G. Laufenburg (Schweiz): 25 km 55 kV Hochspannungsleitung Villingen-Schramberg und Kupferausbau auf ca. 100 km Hochspannungsleitung
- Landkraftwerke Leipzig: 170–200 km Hochspannungsleitungen und 77 Ortsnetze
- Elektra Markgräflerland in Haltingen (Baden): 3 Ortsnetze
- Niedersächsische Kraftwerke in Osnabrück: 18 Ortsnetze
- Neckarwerke in Esslingen: 45 km Hochspannungsleitungen und Ortsnetze
- Bezirksverband Oberschwäbische E.W. in Biberach: 400–500 km Hochspannungsleitungen auf Holzmasten und ca. 220 km 55 kV-Gittermastenleitung, Umbau von ca. 120 km Hochspannungsleitungen und 150–180 Ortsnetzen
- Provinzialverband Stettin: 200 km Hochspannungsleitungen und Ortsnetze auf der Insel Rügen
- Städtisches E.W. Stuttgart: Hochspannungsleitungen und Ortsnetz Botnang
- Gemeindeverband Überlandwerk Tuttlingen: ca. 80 km Fernleitungen und Ortsnetze
- Städtisches E.W. Ulm: Hochspannungsleitung Ulm-Trochtelfingen, 55 kV mit Gittermasten

- Württembergische Landes Elektrizitäts-Aktiengesellschaft in Stuttgart: u.a. 110 km 100/110 kV-Leitungen und ca. 60 km 30/50 kV-Leitungen sowie Teil 100 kV-Leitung Meitingen-Niederstotzingen für Bayernwerke
- Württembergisches Portland-Cement-Werk Lauffen a/N.: Hochspannungsleitung Lauffen-Kirchheim und Ortsnetz Lauffen

Ständig unterwegs

Kummler weilte wiederholt und ausgedehnt zur Kontrolle der Leitungsbauarbeiten in Deutschland. Augsburg, Berlin, Darmstadt, Dresden, Frankfurt a. M., Freiberg/Sachsen, Hamburg, Köln, Leipzig, München, Osnabrück, Putbus, Rochlitz, Ulm, Stralsund und Wiek, dies waren nur einige der in den Unterlagen vermerkten Stationen. Er verbrachte Stunden und Tage in

Ortsnetzbau Botnang durch GEA, Stuttgart, für Elektrizitätswerk Stuttgart, 1916 (Dokument Nr. 2004).

der Eisenbahn. Über Land wurde er – selbst ein Autopionier – im Auto oder im Pferdefuhrwerk zu den Leitungsbauarbeiten gefahren. Die Inspektionsreisen verliefen nicht immer ohne Abenteuer: So wurden ihm bei einem Tramunglück in Stuttgart eine Stange in den Mund gepresst und Zähne ausgeschlagen. Zum Direktor des Werkes Hohenlohe-Öhringen pflegte Kummler gute Beziehungen und liess sich von ihm oft per Auto zu den Arbeitsplätzen fahren. Bedenklich war, dass dieser Mann in übersetztem Tempo fuhr und Kummlers Mahnung, vorsichtiger zu fahren, ignorierte. Er fiel denn auch bald durch das Platzen eines Pneus einem Selbstunfall zum Opfer.

Noch andere Probleme beschäftigten Kummler: In sozial angespannten Zeiten, wie im Jahr 1912, musste er sich für den Arbeitsfrieden und die Vermeidung von Arbeitsniederlegungen einsetzen. Von den kriegsbedingten Schwierigkeiten war bereits die Rede.

Bitteres Ende

Nach dem Krieg ergaben sich für das Aarauer Stammhaus im Zuge der wirtschaftlichen Veränderungen auf dem Kontinent Probleme mit dem Apparatebau, der 1922 in die roten Zahlen schlitterte. Kummlers Leitungsbau, der nach wie vor florierte, musste die Verluste, die aus der Apparatefabrikation erwuchsen, decken. Im Verwaltungsrat, dem obersten Organ einer AG nach Schweizer Recht, wurde eine Flucht nach vorn beschlossen: Expansion ins Ausland von Apparatebau und -export. Ein Neffe des Partners Matter wurde mit der Expansion betraut. Überstürzte und von Prestigedenken motivierte, überdimensionierte Schritte des neuen Mannes führten das Unternehmen rasch in die roten Zahlen und in die Hand der Ban-

Gittermastenleitung Ulm-Trochtelfingen 1915 durch Kummler & Matter, Stuttgart, für den Bezirksverband Oberschwäbischer Elektrizitätswerke Biberach (O.E.W.) erstellt: Masten mit Fangbügeln für Leitungs- und Bahnkreuzungen. Im Hintergrund fährt ein Dampfzug nach Ulm, dessen Münster zu erkennen ist (Original-Blaukopie, Dokument Nr. 1979).

ken. Kummler konnte dies nicht mehr verhindern, da er im Verwaltungsrat keine Mehrheit mehr besass. Durch Intrigen wurde der Firmengründer und einstmals starke Mann, der alles aufgebaut hatte, 1928 kaltgestellt. Er verlor nicht nur seine Stellung und sein Vermögen. Was er über die Jahre als Pionier geleistet hatte, fand keine Würdigung.

Intrigen greifen auf Stuttgart über

Auch in Stuttgart machte sich der unheilvolle Einfluss jener Kräfte im Unternehmen breit, die Expansion und Export im Apparatebau ins Ausland überstürzt betrieben hatten. Dabei war Stuttgart bisher mit dem Leitungsbau ausschliessliche Domäne Kummlers gewesen und hatte sich unter Kummlers Führung und enormem Einsatz durch den Krieg hindurch gut behauptet. So zog 1926 der neue Mann in Stuttgart-Fellbach bei der GEA eine Fabrikation in dem Sinn auf, dass von der Schweiz gelieferte Bestandteile zollgünstig nach Stuttgart gebracht und dort zu Apparaten zu-

sammengebaut wurden. Um genügend Umsatz zu generieren, wurde eine Kooperation mit der AEG angestrebt. Nachdem sich der Auslandsleiter kurz darauf mit der AEG überworfen hatte, übernahm diese den gemeinsam geplanten Apparatebau in eigener Regie und konkurrenzierte das Aarauer Unternehmen. So hatte sich die verfehlte Politik der Kräfte, die im Stammhaus jetzt die Mehrheit hatten, auch auf Stuttgart ausgewirkt. Die verpatzte Gelegenheit zur gemeinschaftlichen Produktion mit der AEG kam später indirekt durch die Beteiligung der Württembergischen Elektrizitäts-Aktiengesellschaft (WEAG) an der zur AG gewandelten GEA doch noch zustande. Denn die WEAG war ihrerseits eine Tochter der Allgemeinen Lokalbahn- und Kraftwerks-AG (Alloka), die mit der AEG kooperierte.

Aus der Schweiz sabotiert

Weit gravierender war für Kummler ein weiterer Schritt seiner Widersacher: Nachdem das Stammhaus bei der Elektrifikation der Schweizer Bahnen

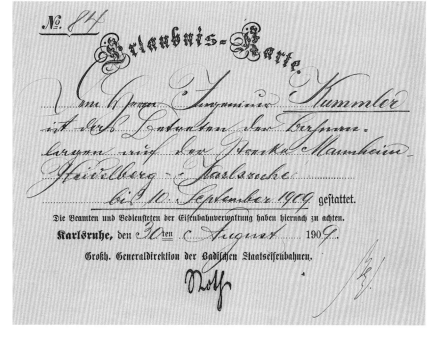

Schon 1909 hatte sich Kummler für die deutschen Bahnen interessiert: «Dem Herrn Ingenieur Kummler ist das Betreten der Bahnanlagen auf der Strecke Mannheim-Heidelberg-Karlsruhe bis 10. September 1909 gestattet...»

schon ab 1906 in bedeutendem Ausmass tätig war, lag es auf der Hand, dass sich Kummler für den Fahrleitungsbau der deutschen Bahnen interessierte. Im Jahre 1925 verhandelte Kummler mit Regierungsoberbaurat Naderer der Eisenbahn-Direktion in München, Starkstromreferat. Er wollte endlich doch in der sich langsam abzeichnenden Elektrifikation der Reichsbahn Fuss fassen. Kummler hatte Empfehlungen der Schweizerischen Bundesbahnen und der Rhätischen Bahn, für die das Stammhaus in grösserem Umfang tätig war, beigebracht, um sich einzuführen. Naderer war äusserst aufgeschlossen und betonte, es sei höchst wünschenswert, Kummler & Matter als bestens ausgewiesenes Unternehmen der Reichsbahndirektion in Berlin als Bewerber zu empfehlen, neben AEG, Siemens, Bergmann und der Mannheimer Brown, Boveri & Co. Vertraulich teilte er dem Besucher mit, es sei ihm an der Bewerbung von Kummler & Matter sehr gelegen, da unter den Erstgenannten mit Kartellabsprachen zu rechnen sei. Bedingung sei jedoch, dass Stuttgart zwar als deutsches Unternehmen aufzutreten habe, aber zugleich nachzuweisen sei, dass das Stammhaus voll hinter Stuttgart stehe und für hohe Qualitätsarbeit der deutschen Filiale garantiere. Das entsprach genau der von Kummler verfolgten Politik, die Beherrschung des Stuttgarter Betriebes durch das Aarauer Stammhaus offen zu legen. Umso grösser war Kummlers Schock, als ihm ein Zirkular der deutschen Filiale zu Gesicht kam, in dem den deutschen Kunden der Rückzug des Mutterhauses aus der deutschen Firma – offenbar im Hinblick auf die geplante Umwandlung der Rechtsstruktur – bekanntgegeben wurde. Der Auslandsleiter hatte sich, im Einvernehmen mit der Stuttgarter Direktion und gedeckt von

seinem Onkel Matter, ohne Wissen Kummlers in das dortige Konzept gemischt und dadurch dessen Bahnbestrebungen zu Fall gebracht. Einem Weiterwirken Kummlers im Bereich dieser Filiale war damit der Boden schlicht entzogen.

1926 bedeutete für Stuttgart das Ende der Ära Kummler. Postum darf festgehalten werden, dass Kummlers Kerngeschäft, der Leitungsbau, sowohl in dem nach Zürich verlegten Stammhaus als auch in der ehemaligen deutschen Filiale, die später zur GAH Heidelberg geworden ist, nicht nur überlebt hat. Auch sie ist neben Kummler & Matter heute wieder unter dem gemeinsamen Dach der Schweizer Atel vereinigt und hält eine bedeutende Stellung in der Branche.

Bau einer Hochspannungsleitung durch GEA, Stuttgart, mit schwenkbaren Auslegern nach Patent 428056 der AEG (Dokument Nr. 2003).

Entwicklung von der GEA zur GAH nach dem Ausscheiden Kummlers

Franz Immig, GAH

Mit der Gründung der Gesellschaft für elektrische Anlagen aus der Stuttgarter Niederlassung von Kummler & Matter nahm eine 90-jährige Erfolgsgeschichte ihren Lauf, deren Entwicklung damals niemand absehen konnte.

Die Weltwirtschaftskrise in den dreissiger Jahren trifft auch die GEA schwer: Aufgrund der allgemeinen wirtschaftlichen Situation muss die GEA einen 50-prozentigen Rückgang im Leitungsbau sowie einen Verfall bei den Montagepreisen verzeichnen.

1939 dann hat die GEA die Talsohle durchschritten und verzeichnet wieder gut gefüllte Auftragsbücher. Sowohl im Leitungsbau als auch im Gerätebau profitiert das Unternehmen von der allgemeinen wirtschaftlichen Erholung.

Die Nachkriegsjahre sind geprägt von Reparaturen an zerstörten Freileitungen und dem Bedarf an Elektrowärmegeräten. Die hohe Beschäftigungsentwicklung in der Wiederaufbauphase nach dem 2. Weltkrieg führt 1962 zur Einstellung des 1000sten Mitarbeiters bei der GEA. Der Umsatz liegt inzwischen bei 15 Mio. DM. Bei einem überdurchschnittlichen Wachstum mit Steigerungsraten bis 29 Prozent pro Jahr wächst der Umsatz bis 1980 auf 125 Mio. DM an.

Die Mitte der siebziger Jahre gegründete Auslandsabteilung der GEA mit Aktivitäten in Jordanien und Saudi-Arabien bringt die GEA in starke Bedrängnis, die aber durch den eisernen Willen des Managements und der gesamten Mannschaft überwunden werden konnte.

1985 erfolgte die Erweiterung des Leistungsangebotes durch den Einstieg in den erdverlegten Rohrleitungsbau. Somit war der Grundstein für das bis heute erfolgreiche Produktportfolio der GA gelegt: Spartenübergreifende Komplettleistungen für Strom, Gas, Wasser, Fernwärme und Kommunikation – ein Ansprechpartner für alle Gewerke.

Nach der Übernahme der Gesellschaft durch die AGIV wechselt 1992 die GEA von der GmbH zur Aktiengesellschaft und tritt nun unter dem Kürzel GA auf. Neben der AGIV als Hauptaktionär beteiligen sich dabei auch die Neckarwerke und die Energieversorgung Schwaben mit je 15 Prozent. Zu diesem Zeitpunkt erwirtschaften bereits 3 000 MA einen Umsatz von ca. 450 Mio. DM.

Der nach der deutschen Wiedervereinigung begonnene Aufbau der Energieversorgungs- und Kommunikationsnetze in den neuen Bundesländern bescherte der GA nochmals einen deutlichen Wachstumsschub und neue Marktanteile.

Im Jahr 1997 fusioniert die GA AG mit ihrer AGIV-Konzernschwester Kraftanlagen Heidelberg zur GAH Gruppe, einem bundesweit aufgestellten leistungsstarken Anbieter von Komplettlösungen in allen Bereichen der Energieerzeugung, der Energieversorgungs- und Kommunikationstechnik bis hin zum Industrieanlagenbau.

1998 schliesslich veräusserte die AGIV die GAH Gruppe an die Deutsche Beteiligungs AG. Eine harte, aber auch erfolgreiche Zeit der Sanierung und

*110 kV-Leitung Münster-Obertürkheim-Niederstotzingen, 100 km, 1924 durch
GEA, Stuttgart, für Württembergische Landes Elektrizitäts-Aktiengesellschaft,
erstellt (Dokument Nr. 1987).*

Konsolidierung begann. Der seit der Fusion angeschlagene Konzern wurde in seinen wesentlichen Bestandteilen erhalten und gestärkt.

Im Zuge der Weiterentwicklung der GAH Gruppe zu einem der erfolgreichsten Dienstleister in der Energiewirtschaft übernimmt die Schweizer Aare-Tessin AG für Elektrizität die GAH Gruppe im Jahre 2000 zu 100 Prozent. Somit schliesst sich der Kreis, was den Schweizer Ursprung der Gesellschaft betrifft.

Die GAH Gruppe positioniert sich heute mit ca. 4500 Mitarbeitern und einem Umsatz von 732 Mio. EUR im Jahre 2005 als einer der erfolgreichsten Dienstleister in der Energie-, Kommunikations- und Anlagentechnik am deutschen Markt und im osteuropäischen Ausland. Die GAH Gruppe repräsentiert das Geschäftsfeld Energieservice Nord-/Osteuropa der Atel-Gruppe.

Quellen und Literatur

Die vorliegende Darstellung stützt sich auf einen über 500 Seiten starken, maschinengeschriebenen Bericht Hermann Kummlers über die «Historische Entwicklung der Firma H. Kummler & Cie. und die AG Kummler & Matter, 1889–1928» mit Beilagen, der sich im Besitz des Verfassers befindet. Dieser betreut als Enkel Hermann Kummlers dessen industriehistorischen Nachlass. Bilder und Dokumente: Archiv Kummler beim Verfasser und im Stadtmuseum Aarau.

Bisherige Publikationen des Verfassers über Kummler (mit Original-Bildmaterial):

Hermann Kummler-Sauerländer 1863–1949: Ein Leben für den Leitungsbau und für die Bahnen, Schweizer Pioniere der Wirtschaft und Technik, Band 71, hrsg. vom Verein für wirtschaftshistorische Studien, 2. überarbeitete und erweiterte Auflage, Zürich 2006.

Schweizerische Automobil-Gesellschaft Aarau 1900/1901, Aarauer Neujahrsblätter 2004, Baden 2003.

Gleislose Tramverbindung Weggis-Brunnen: Vemutlich erstes schweizerisches Projekt einer öffentlichen Trolleybuslinie von 1900/1902, Tram, Illustrierte Fachzeitschrift für den öffentlichen Personenverkehr in der Schweiz, No. 78/06.–08.2004.

100 Jahre Simplontunnel 1906–2006: Das grosse Wagnis Elektrifikation, Schweizer Eisenbahn-Revue Nr. 5/2006.

Erste Gittermastenleitung der Schweiz, Bulletin VSE/electrosuisse, 20/2007.

Mit Béatrice Ziegler (HG): Als Kaufmann in Pernambuco 1888–1891 – Ein Reisebericht mit Bildern aus Brasilien von Hermann Kummler (mit zahlreichen eigenen Aufnahmen Kummlers aus der Zeit), Chronos, Zürich 2001.

Adresse des Autors

Prof. Dr. iur. Beat Kleiner
Witellikerstrasse 22
CH-8702 Zollikon

*100 kV-Leitung
Niederstotzingen-
Meitingen 1924 teil-
weise durch GEA,
Stuttgart, für Würt-
tembergische Landes
Elektrizitäts-Aktien-
gesellschaft und
Bayernwerke erstellt.
Aufstellen eines
Bahnkreuzungsmastes
(Dokument Nr. 1989).*

Und immer weiter in die Zukunft . . .

*Unbekannte GEA-
Leitung aus den
späten Zwanziger-
jahren.*